Bernd Mannhardt

Dampfplauderradio

Die Deutsche Nationalbibliothek verzeichnet
diese Publikation unter www.dnb.de

„Dampfplauderradio“ ist das Booklet
zur gleichnamigen Single.

Musik, Text & Produktion

Bernd Mannhardt (bernd-mannhardt.de)

Mischung, Mastering, Arrangement

Martin Anding (tonmacherei.de)

Cover

Bernd Mannhardt unter Verwendung eines iStock-Fotos (Getty Images)

Vertrieb

Booklet: Neopubli GmbH (epubli.de)
Musik: DANCE ALL DAY Musikvertriebs GmbH (feiyr.com)

c/o Hamburger Buchkontor, Dorothée Engel, Auf dem Hörtel 9a, D-48488 Emsbüren

BERND MANNHARDT

DAMPFPLAUDER RADIO

LIED. TEXT. BOOKLET.

epubli

Inhalt

Prolog

Quasselstrippen

Ein zweites Musikprojekt von Bernd Mannhardt - nach dem Album *Alles schick?* von 2020. Wurde es wegen der Pandemie in räumlicher Distanz zum Tonstudio produziert, „trafen wir uns diesmal live und in Farbe“, sagt Mannhardt.

In Martin Andings Tonstudio auf dem Lande sei „das wundertraumhaftschöne Lied *Dampfplauderradio* tonal erst feingeschliffen, dann auf Hochglanz poliert“ worden.

Der Song handelt von „nervigen Quasselstrippen im Radio“. Mannhardt gibt freimütig „meinen höchstpersönlichen Zugang“ zum Gegenstand seiner satirischen Betrachtung zu: „Wenn ich nach dem Aufstehen im Radio einen Moderator höre, der eine hyperventilierende Fröhlichkeit über den Sender jagt, würde ich mich am liebsten gleich wieder ins Bett legen!“

Martin Anding war bei der Produktion nicht „nur“ der Mann an der Technik, sondern hat auch die Streicher arrangiert.

„Der kammermusikalische Sound versüßt mein zartbitteres Anliegen auf kongeniale Art und Weise“, um aufgesetzte Lustigkeit augenzwinkernd zu karikieren – „im beschwingten Dreivierteltakt“.

„Wenn Leute beim Hören des Titels schmunzelnd schunkeln oder schunkelnd schmunzeln, hat der Titel das Klassenziel erreicht: Mir geht's um Unterhaltung – nicht mehr, nicht weniger."

Eine bestimmte Art von Fröhlichkeit komme Mannhardt „ziemlich komisch" vor. Im Unterschied zur „scharf kalkulierten Lustigkeit einer Morgenshow" sei „ernstzunehmende Fröhlichkeit" nur dem „ureigenen und damit authentischen Mutterwitz" verpflichtet – „sogar ohne Anspruch, zwingend gute Laune" verbreiten, die Lacher immer und überall auf der eigenen Seite haben zu müssen.

Die meisten Dampfplauderer im Radio erinnerten, „schnuppe ob morgens, mittags oder abends“, an den Spruch der Schriftstellerin aus dem 19. Jahrhundert, Marie von Ebner-Eschenbach: „Geistlose Fröhlichkeit – Fratze der Heiterkeit“. Peng!

Das Zitat, meint Bernd Mannhardt, käme zwar „etwas moralingeschwängert“ herüber und sei „furchtbar alt, aber trotzdem jung!“ Konkret: Es sei ein „hübsches Beispiel“ dafür, das Altes „nie neu, aber aktuell“ sein könne. Und es stünde auch gar nicht in Widerspruch dazu, wenn „böse Zungen“ behaupten, dass „Unterleibskomik im Bierzelt“ oberflächlich sei. „Bei flüchtiger Veranlagung des geneigten Publikums kann sich eine plangegossene Bodenplatte als metertiefe Baugrube darstellen.“ Es hieße nicht umsonst, dass Kunst immer im Auge des Betrachters liege. Die Bewertung von Niveau stelle sich für einen Humoristen nie, sondern lediglich, „beinahe schon sozialpädagogisch motiviert“, die Frage, „wo ich die Klienten geistig und seelisch abholen muss.“ Peng, peng!

Das sei, genau genommen, wahre Dienstleistung. „Es käme ja auch niemand auf die Idee, einem Autoverkäufer an den Reifen zu pinkeln, bloß weil er einem Mann einen teuren Schlitten verkauft, den er für sich ganz allein haben will – obschon nicht im Besitz eines Führerscheins.“ Peng, peng, peng!

Im Lied kommt am Schluss ein *Onkel Tobias vom RIAS* vor. Eine Kunstfigur im Nachkriegsberlin, gespielt vom Schauspieler Fritz Genschow (1905-

1977) und ersonnen für das Kinderradio vom einstigen *Rundfunk Im Amerikanischen Sektor*. Auf Sendung gegangen war der *Onkel* 22 Jahre lang, also bis Ende der Sechziger.

„Da hatte ich als Dreikäsehoch bestimmt auch schon mal vorm Radio gesessen und hineingehört. Wie sonst hätte mir beim Texten der *Onkel* in den Sinn kommen können? Aus heutiger Sicht empfinde ich die Schose als ziemlich bieder – weil: der Erwachsene erklärt Kindern wahrlich onkelhaft die Welt – aber immerhin alles in allem: authentisch!" Audios von den Sendungen stehen online:

rias1.de/sound4/rias_/onkeltobias/onkel_tobias.html

Liedtext

Intro

Morgeeen!
Krauses Frühstücks-Show!
Kennt ihr den schon: Da geht Frau Bäcker zu
Herrn Schneider uuuuuuund ...

Liedtext

Morgens um sechs schon so gute Laune
Krause, mal ehrlich, das ist doch nicht ganz normal
Sie brechen Schlüpfriges von dem Zaune
Entbehrlich - Ihr Humor ist schon ziemlich anal

Krause gehn Sie nach Hause
Legen Sie sich doch wieder hin
Oder machen Sie Pause
Vom Reden ohne der Worte Sinn

• • •

Krause, wenn ich Sie mal treffen würde
Fragte ich Sie: Was rauchen Sie denn da fürn Gras?
Scheppernd kippen die Wortfindungshürden
Sie wünschen zum Tag globalgalaktisch viel Spaß

Schon so früh sowas von breit
Sitzen Sie aufm Gute-Laune-Thron
Nicht gescheit, allzeit bereit
Dampfplaudermoderatorenton

Krause, Sie empfinden keinerlei Bürde
Bei Ihrem unterleibskomischen Blablabla
Dieses bemüht komische Wortgewürge
Langweilt zweifelsohne ziemlich kolossal

Krause gehn Sie nach Hause
Legen Sie sich doch wieder hin
Oder machen Sie Pause
Vom Reden ohne der Worte Sinn

Outro

Der Onkel Tobias vom RIAS ist nicht mehr da!
Der Onkel Tobias vom RIAS ist nicht mehr da!

Audiolink

Internetadresse zum Audio

https://lmy.de/UmZgX

QR-Code zum Audio

Die Einnahmen durch den Bookletverkauf werden voraussichtlich gerade mal so die Kosten für die Musikproduktion decken. Von daher bitten wir Sie, sich die Weitergabe des Links oder QR-Codes an Dritte zu verkneifen. Wir zählen auf Sie!

Mehr Musik von Bernd Mannhardt

Ein Songbook der etwas anderen Art. Der Link zum Streaming der Songs wird hier gleich mitgeliefert! – nebst satirischen Storys als Vorgeschichten zu launigen bis bitterbösen Liedtexten: Phrasendrescher, Neonazis und Corona-Leugner holt sich der Autor auf den Schirm – aber auch Dienstleister, Führungskräfte, Hundehalter und andere nervige Zeitgenossen.

„Es gibt gesellschaftliche Phänomene, die mich beinahe irre, zumindest aber kirre zu machen drohen“, heißt es im Prolog.

So erfahren wir, warum der Autor von humorigen Kriminalromanen und zartbitteren Kurzgeschichten nun auch noch Musik macht: „Singen als Notwehr!“

Alles schick? Lied. Text. Buch.
ISBN: 9783752991260
Hardcover, Pocketformat, 96 Seiten,
inkl. Audiolink zu allen 15 Titeln € 14,99

Überraschung!

Wenn Sie mögen, notieren Sie auf der nächsten Seite jene „Morgensendungen“, die Ihnen hübsch auf die Ketten gehen. Mehrfachnennung unbedingt erwünscht! Kurze Begründung, was Sie genau nervt, wäre klasse. Dann machen Sie von Ihrer Notiz bitte ein Foto und senden es als E-Mail-Anhang an:

dampfplauderer@bernd-mannhardt.de

Der Autor sammelt Radiosender, auch reine Online-Funker, um einen *Leidfaden der nervigsten Dampfplaudererern Deutschlands* herauszugeben. Ihr Aufschreiben könnte Ihnen im Übrigen nicht nur seelische Entlastung bringen, sondern auch ein Buchpaket bescheren, denn: unter allen Einsender*innen wird 10 x das Buchpaket der „Kommissar Freisal“-Reihe, be.bra-verlag, verlost. Satte 800 Seiten Moabit-Krimi. Viel Glück!

Meine schrecklichen Radiosender:

Bernd Mannhardt, geboren 1961 in Berlin, ist seit vielen Jahren in der Öffentlichkeitsarbeit tätig. Er veröffentlichte bislang Kurzprosa, Erzählungen, Kriminalromane sowie Reporportagen und Rezensionen für das Berliner Stadtmagazin *Zitty* und Feature für *Deutschlandradio* und Hörspiele für *WDR* und *HR*. Der Autor lebt in Berlin. (Autorenfoto: UMA)

www.bernd-mannhardt.de

Der Autor ist auf Instagram und Facebook aktiv
#mannhardtmachtmusik

ISBN 978-3-7565-2234-7
www.epubli.de